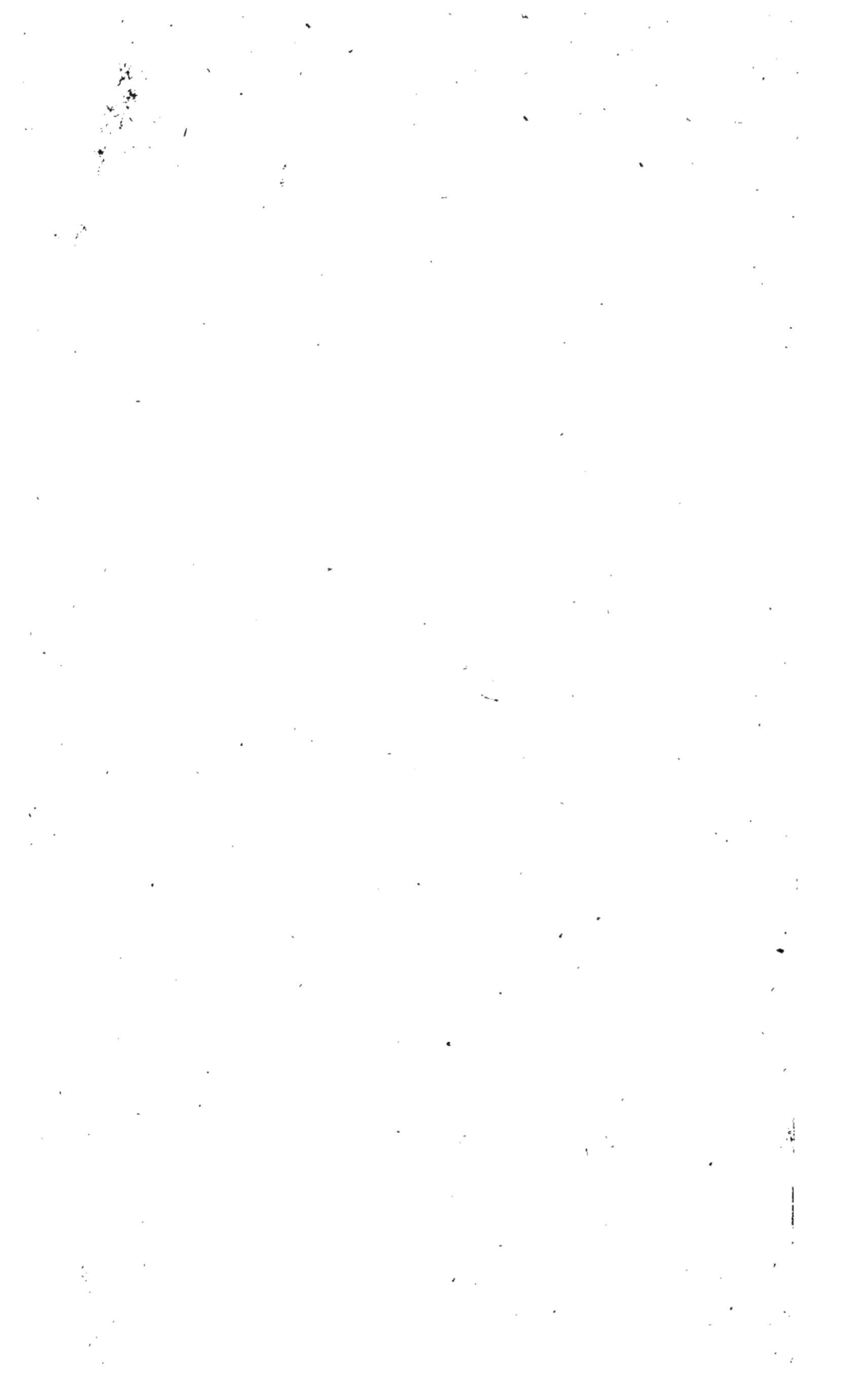

NUITS

DE L'ABDICATION

DE

L'EMPEREUR NAPOLÉON.

Revelabo pudenda vestra.
PSAL.

SECONDE ÉDITION.

PARIS,

PLANCHER, RUE SERPENTE, N° 14;
DELAUNAY, LIBRAIRE, AU PALAIS ROYAL.

SEPTEMBRE 1815.

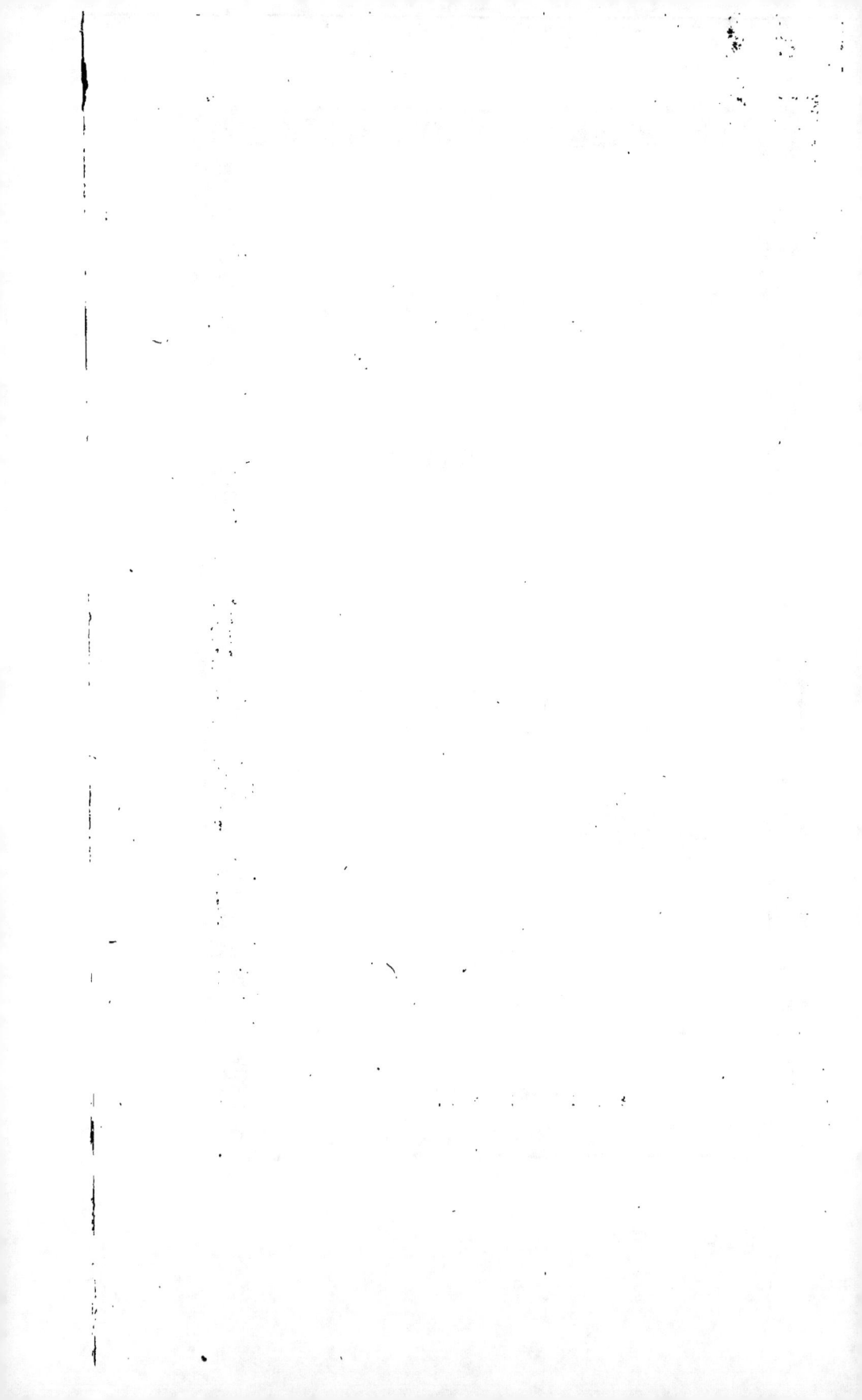

LETTRE adressée au Dépôt de Librairie,
rue Serpente, n° 14.

———

Paris, ce 31 juillet 1815.

MONSIEUR,

DES circonstances, dont il est inutile que vous
soyez informé, et mes propres recherches, m'ont
procuré quelques découvertes que je crois neuves
sur les Causes de l'Abdication de Napoléon. Con-
naissant, par une annonce publiée dans une brochure intitulée *Pour et Contre* ou *Embrassons-
nous* (1), que vous vous proposez de publier aussi un

———

(1) Brochure in-8°, par M. Regnault de Warin, chez
Plancher, rue Serpente, n° 14.

1.

ouvrage ayant pour titre : *Cinq mois de l'Histoire de France*, ou *Fin de la Vie politique de l'empereur Napoléon*, par M. Regnault de Warin (1), je vous adresserai le brouillon qui contient mes recherches, et dont vous pourrez disposer. Je désire qu'elles soient utiles à l'historien de cet homme extraordinaire. Mieux que moi il démêlera, parmi quelques assertions peut-être hasardées, de bonnes et utiles vérités.

Ces notes, que je vous prierai de faire revoir par une plume plus exercée que la mienne, vous seront remises par une main sûre.

Agréez, Monsieur, l'assurance de ma considération.

SAINT DIDIER,
Rue Saint-Jacques, n°

---

(1) Un vol. in-8°, chez Plancher, et Pillet, imprimeur-libraire, rue Christine, à la *gazette de France*.

NUITS

DE L'ABDICATION

DE

L'EMPEREUR NAPOLÉON.

§ I. NUIT DU 20 AU 21 JUIN.

Neuf heures sonnaient à toutes les pendules de l'Élysée. Je remontais chez moi, fort inquiet des bruits qui circulaient depuis le matin. Une lettre que j'avais reçue de mon ami D..., et qui me laissait entrevoir quelqu'événement sinistre, ne contribuait pas peu à m'alarmer. Plusieurs renseignemens ramassés dans la journée me faisaient craindre que, malgré le bulletin de Charleroi, tout n'allât mal. Le caractère de l'empereur m'était connu; plusieurs demi-mots échappés depuis son retour, me faisaient pressentir de sa part une résolution extrême. D'un autre côté, j'observais les différens partis qui agitaient les pairs, et surtout les représentans. Napoléon, enveloppé par quatorze puissances alliées, combinées et d'accord pour la première fois, n'était pas moins pressé par ses ennemis de l'intérieur. Peut-être même ses amis, peu intelligens ou peu unis, lui étaient-ils plus contraires. Mais ses succès en Belgique eurent rallié ceux-ci et dipersé tous les autres. Il tenait surtout à humilier Wellington, dont les lenteurs, selon lui, faisaient la moitié du mérite. Il regardaît comme un coup de politique d'aigrir contre ce général le parti de l'Opposition. Enfin il sentait qu'en partant pour l'armée il allait commencer le dernier acte de sa tragédie; et son dernier mot, en me quittant, avait été : *quitte ou double.*

A neuf heures cinq minutes une voiture grise et couverte de poussière entre dans les cours; je la reconnais pour être de la suite de l'empereur. A peine suis-je descendu, qu'une seconde, suivie d'une troisième et dernière, redouble mon agitation et confirme mon pressentiment. Derrière celle-ci les portes se ferment en silence, et mon ami D..., sorti de la première, s'avance vers moi, me prend, me presse la main, et, les dents serrées, balbutie ces mots foudroyans : *çà va mal! nous sommes*

perdus ! Il se servit d'une expression plus éner-
gique.

Cependant la troisième voiture était ouverte.
Dans le fond se tenait à demi - couché un
homme pâle, que je pris d'abord pour l'empereur : c'était son frère, le prince Jérôme,
blessé à la main, qu'il tenait en écharpe. Ce
prince, fatigué et endormi, descendait lente-
ment. Napoléon le pousse, le renverse sur le
marche-pied, s'élance, enjambe l'escalier et
gagne les appartemens sans dire un mot, sans
regarder personne. Nous nous hâtons à sa
suite. En ce moment mon ami me saisit par le
bras, et, d'une voix étouffée, il me répète :
tu le vois, tout est perdu ! La porte de la première salle s'ouvrait alors. L'empereur s'arrête,
lance un regard sur D..., et riposte brusquement : *fors l'honneur, D...!* Voilà, me dit ce
dernier, le premier mot qu'il a proféré depuis
quarante-huit heures.

Napoléon entre chez lui. Il s'assied un instant. Je lui présente des dépêches qu'il jette
sur une table, après avoir choisi la moins vo-
lumineuse ; c'était un billet parfumé, qu'il
porte d'abord à son nez, peut-être à sa bouche ; car le geste fut équivoque. Il lit et lève
deux ou trois fois les yeux au ciel. Au milieu

de sa lecture : *un bouillon !* dit-il. Un moment après : *une écritoire !* Il écrit et plie. *A la princesse Hortense,* me dit - il, en me faisant asseoir pour tracer l'adresse. Le message part. Le consommé arrive ; il en prend la moitié. Écrivez, me dit-il alors. J'écris, et mande sur-le-champ le duc de Bassano et le comte Regnault de Saint-Jean d'Angély. Cela fait, on le débotte ; il se couche tout habillé et ne tarde pas à s'endormir. Un valet de chambre eut l'ordre de l'éveiller quand les deux ministres seraient arrivés.

En remontant chez moi par le petit escalier qui ouvre sur un pallier du grand, je heurtai contre deux personnes qui, tapies dans un coin, conféraient si intimément qu'elles m'aperçurent à peine et ne se dérangèrent pas. C'était le prince Jérôme occupé (du moins, je le suppose) à faire panser sa blessure par une petite jardinière, laidron joli, aussi frais que ses fleurs. Ah ! ah ! Georgette, lui dis-je, je ne vous soupçonnais pas ce talent ; il faudra vous nommer carabin à la suite des armées.

Je glisse sur les réflexions auxquelles je me livrai, et qui ne me permirent pas de m'abandonner au sommeil. D..., que j'attendais, ne vint qu'au moment où l'empereur, éveillé, me

faisait avertir de l'arrivée des ministres. Cet ami me dit en substance : « Qu'après les pre-
» miers avantages de Charleroi et la brillante
» affaire de Fleurus nous avions tout perdu
» par deux causes évidentes, auxquelles on
» pourrait bien ajouter une troisième, mieux
» sentie peut-être et moins prouvée. La pre-
» mière de ces causes est l'inflexibilité de
» l'empereur qui, à la suite des deux journées
» victorieuses, a voulu étonner le monde,
» fortifier la France et consterner l'Europe
» par un troisième triomphe décisif. Projet
» sublime, mais fou, qui devait conduire le
» vainqueur au trône de l'opinion et le vaincu
» sur son échafaud ; projet pénétré par le pru-
» dent Wellington, et qu'il a déconcerté en
» amenant son héroïque et extravagant auteur
» jusque sur le gouffre où devaient expier sa
» puissance, son influence et presque sa gloire.
» En effet, la troisième bataille, que nous nom-
» merons *de Mont St.-Jean*, du nom du vil-
» lage qui en fut le point principal, et que les
» ennemis appelleront *de Waterloo*, du nom
» d'un autre village occupé par les Anglais,
» ou *de la Belle - Alliance*, du nom d'un
» château qui fut occupé par le quartier gé-
» néral de Blücher ; cette troisième action,

» après avoir balancé la victoire par des alter-
» natives qui la firent, pour ainsi dire, volti-
» ger des drapeaux français à ceux des alliés,
» depuis midi jusqu'à huit heures, a démontré
» comment le don négatif de la patience pou-
» vait déconcerter les combinaisons d'un gé-
» nie impétueux. Voilà la seconde cause de
» notre perte. Le prudent vainqueur de Sala-
» manque, de Toulouse, de Vittoria, par une
» manœuvre digne de son génie temporiseur
» (puisqu'elle lui coûte l'élite de son armée);
» a contraint le fougueux triomphateur des
» Pyramides, de Marengo, d'Austerlitz, de
» Friedland, d'Jéna, à baisser ses lauriers
» humiliés devant ceux qu'il domta tant de
» fois. J'attribuerai la troisième cause de notre
» déroute à l'intrigue, à la corruption, à la
» trahison. Celles-ci réunies ont produit la dé-
» fiance, la mésintelligence, la peur, le dé-
» sordre. L'histoire recherchera ces ressorts
» que je ne puis qu'indiquer, mais auxquels
» les alliés (dont pourtant je reconnais la bra-
» voure) et surtout les ennemis particuliers
» et le compétiteur personnel de Bonaparte
» doivent leur succès d'aujourd'hui. Qu'ils se
» hâtent de triompher et d'utiliser la victoire ;
» car le lion blessé n'est pas mort. »

Ce peu de mots, qui m'offraient un résultat affreux, sans m'instruire des détails, me comprimèrent au point que l'empereur s'en aperçut, et remarquant ma pâleur : D... a parlé, me dit-il sévèrement. C'est un peureux. Puis adoucissant le ton : Un mal qu'on peut réparer, ajouta-t-il, n'est pas grand ; et quand il est irréparable, il faut se résigner. Placez-vous là, et prenez des notes. Savez-vous la sténographie ? — Oui, sire. — Écrivez.

La nuit était avancée. M. de Bassano, assis dans un coin de l'appartement, avait un air glacé ; le comte Regnault, debout devant une table, donnait des coups de crayon à un papier manuscrit devant lui. L'empereur se promenait, rongeait ses ongles et prenait du tabac à chaque seconde. Puis s'arrêtant tout à coup : Eh bien ! ce bulletin ? — Le voilà corrigé, répondit le ministre d'état. — Voyons, ajouta l'empereur.

Toute l'Europe a lu le *Moniteur* du 21 et son supplément extraordinaire. Le récit de la bataille de Ligny et les aveux postérieurs du feld maréchal Blücher prouvent la grandeur et l'importance de notre victoire. Le lendemain, par une partie des causes énoncées plus haut, éclaira notre défaite. Aux deux tiers du bulletin, l'empereur, frappant du pied, s'écria : *elle était gagnée !* Quand le comte Regnault eut achevé il dit, en soupirant : *elle est per· due !*

Alors s'établit le colloque dont voici les traits les plus saillans :

L'empereur. Elle est perdue !... (un moment après) ; et ma gloire avec elle !

Le comte *Regnault.* Vous avez cinquante victoires à opposer à une défaite.

Le duc *de Bassano.* Cette défaite est décisive; l'empereur a raison.

L'empereur. Ils ne sont pas accoutumés à vaincre ; ils abuseront de la victoire.

Le duc. Ceux dont la bravoure de Wellington fait triompher la lâcheté sont plus dangereux et plus vos ennemis que les Anglais et les Prussiens.

Le comte. Les républicains gémiront ; mais ils essaieront de profiter de la circonstance.

L'empereur. Ils feront bien; du moins la gloire et la liberté de la patrie resteraient intactes. Si les royalistes l'emportent, c'est quand ils seront appuyés par les étrangers.

Le duc. Le courage des royalistes est dans la tête de Wellington et dans le bras de Blücher.

Le comte. Ce qui presse le plus est d'arrêter Blücher et Wellington.

Le duc. Comment? L'armée n'existe plus et la frontière est découverte.

Le comte. La frontière est découverte, mais l'armée existe ; il ne s'agit que de la rallier.

L'empereur. Elle se ralliera d'elle-même ; il faut la réorganiser et réparer ses pertes.

Le duc. Etes-vous sûr du maréchal Soult et de Grouchy?

L'empereur. Grouchy est un honnête homme, mais faible ; Soult a donné des gages.

Le comte. L'armée se réorganisera ; mais les cadres sont incomplets.

L'empereur. Convoquez sur-le-champ les ministres. Je veux que les Chambres sachent tout ce soir.

Le duc. Les partis vont s'agiter.

Le comte. Les partis, agités depuis long-temps, vont se reconnaître, se mesurer, faire des tentatives.

L'empereur. Tant mieux : les masques tomberont. Pour le public, s'entend ; car pour moi il y a long-temps..... Appelez les ministres. On fera un rapport ; on dira la vérité. Si tout patriotisme, si tout honneur n'est pas mort, les Chambres refuseront-elles des hommes et de l'argent ?

Le duc. Elles vont parler d'économiser l'eau et les pompes quand la maison est en feu.

Le comte. On a bêtement reproché la dictature. C'est aujourd'hui qu'elle sauverait tout.

L'empereur. J'ai recommencé la monarchie constitutionnelle. Convoquez les ministres.

Le duc. Pas de dictature ; mais aussi pas d'indignités contraires. Si l'on nous attaque , nous nous défendrons.

L'empereur. Ah ! ma vieille garde ! se défendront-ils comme toi ?

On se sépara, après que l'ordre aux ministres eut été expédié. Maret demeura avec l'empereur qui , malgré sa fatigue, reçut plusieurs visites, auxquelles je n'assistai point. De ma fenêtre je reconnus , parmi les voitures, celles de Cambacérès , de l'amiral Decrès, de M. de Caulaincourt et des deux Carnot.

A six heures et demie l'empereur me fit appeler. Il était avec le duc d'Otrante, ministre de la police , qui probablement lui rendait compte de la situation des partis. Napoléon avait l'air gêné ; M. Fouché me parut affecté , sensible et prévenant.

Quand il fut sorti, l'empereur m'ordonna de

faire trois copies d'un écrit qu'il tira d'un porte-feuille. Pendant que je me disposais, il laissa échapper ces mots : tranquille, tout est tranquille, selon lui! et je n'aurai qu'à parler pour tout obtenir !.... Qui donc a raison de ce rapport ou de lui?.... Ah! j'en crois ce rapport qui s'accorde avec ce que je pressens..... (Puis agitant le papier:)Celui-là ne m'a jamais trompé.

J'écrivis à peu près en ces termes :

« L'inquiétude est universelle, mais d'autant plus cachée qu'elle est plus générale. Il y a des rassemblemens le soir et la nuit, rue Sainte-Marguerite, faubourg Saint-Antoine, chez C....; l'un des principaux agens des fédérés; chez L..., de la Chambre des représentans, rue des Maçons-Sorbonne. Cette dernière réunion se compose de royalistes. Le curé de St.-N., qui en fait partie, assure qu'elle n'est pas dangereuse, et qu'elle ne le deviendrait qu'en cas des succès de l'ennemi. Les députés sont moins timides. Hier, sur une lettre reçue par l'un d'eux, S-v-z a demandé que, durant l'absence de l'empereur, il fût nommé parmi les Chambres ou hors des Chambres une commission de surveillance , à laquelle le prince Joseph et le conseil de régence rendraient compte. Cette motion sera présentée à la pre -

mière nouvelle d'un succès, sous prétexte que l'empereur saisira cette occasion pour étendre son pouvoir constitutionnel. Les ré-publicains et les royalistes de l'assemblée s'en-tendront. Ils s'entendraient bien mieux s'il y avait un revers. Les royalistes le désirent, et l'on croit être bien sûr qu'ils en organiseront plus d'un, qu'on imputera à l'empereur, dont ils disent que l'esprit commence à baisser. C'est aussi ce qu'ils répandent de Carnot, à l'occa-sion de son dernier rapport. Cependant les patriotes ne souhaitent pas de désastres; mais s'il en arrivait ils le mettraient à profit. »

Deux expéditions de ce rapport furent adres-sées à MM. Regnault d'Angely et Carnot. L'em-pereur garda la troisième et brûla l'original.

Je terminais ce travail, quand on annonça la princesse Hortense. Je sortis; mais poussé par une curiosité, peut-être blâmable, et qui pourtant n'était, dans ces cruelles circons-tances, que de l'intérêt, je fis le tour de la chambre à coucher, et me coulai dans un ca-binet de garde-robe, dont un œil-de-bœuf, pres-qu'entièrement voilé par un petit rideau plissé, me permit à peine d'entrevoir, ou pour mieux dire, de deviner quelques traits de la scène que j'avais en perspective.

Napoléon se montrait de profil, madame de
Saint-L.. en face. Elle était assise, tenant
d'une main un mouchoir, dont elle se cou-
vrait les yeux par intervalles, et de l'autre un
flacon qu'elle respirait. Elle était pâle et parais-
sait souffrante. L'empereur, tantôt debout,
tantôt s'asseyant brusquement, parlait par mo-
nosyllabes entrecoupés, et dont je n'enten-
dais que le son, sans en comprendre le sens.
Aux gestes supplians de la duchesse, à ses
regards mouillés de larmes, à quelques san-
glots qu'elle laissait échapper, il était facile
de supposer qu'elle sollicitait vivement quelque
chose, que lui refusait son beau-père. J'ai su
depuis qu'elle l'engageait à demander la paix,
et qu'elle cherchait à lui faire comprendre le
danger de continuer la guerre. A toutes les
objections de la princesse, le monarque ré-
pondait par des phrases laconiques et tran-
chantes, où je distinguais les mots de *Bourbons*, d'*Anglais*, de *déshonneur*. Enfin, comme
excédé de ne pas vaincre par la violence cette
résistance doucement opiniâtre, l'empereur
frappe durement du pied; et pressant fortement de ses mains une pile de petits volumes
amoncelés sur son bureau, il les disperse à
d'inégales distances. L'un de ces volumes va

2

même frapper le pied de madame Hortense, dont cet emportement redouble les larmes. Napoléon s'arrête, se calme, s'approche vivement d'elle; et à la sérénité qui reparut sur le front de cette princesse infortunée, je pus juger qu'elle avait obtenu une partie de sa demande. L'entrevue se termina par ces mots que l'empereur prononça fort haut : Envoyez-moi votre fils ! après lesquels il baisa affectueusement la main de madame de St.-L.., qui sortit.

Le conseil des ministres eut lieu à huit heures.

Comme rien ne m'y appelait, je n'en rendrai pas compte. Je laisse ce soin à M. de R. qui y fut mandé et qui en a dû tenir note, selon son usage observateur.

La poste de ce jour apporta quantité de lettres; elles confirmèrent les bruits qui circulaient de notre déroute. Vainement la victoire de Charleroy, celle beaucoup plus importante de Ligny auraient dû rassurer les esprits. Soit espérance, soit crainte, ils étaient livrés à la plus dangereuse fluctuation. De trois heures à cinq, une rumeur extraordinaire qui avait pris naissance à la Bourse, parcourut toute la ville, s'insinua dans tous les rangs de la société. On sut que nous avions éprouvé un grand revers. La présence inattendue de l'em-

pereur acheva de produire la consternation.
Des groupes sans nombre se formaient, se dis-
persaient, se reformaient sans cesse sur les
places, dans les promenades, sur les quais,
sur les ponts, sur les boulevards. On se regardait avec défiance, on s'abordait avec précaution, on s'interrogeait en hésitant. Personne n'osait dire ce qu'il craignait, ce qu'il
espérait, ce qu'il pensait, ce qu'il venait d'ap-
prendre. La peur, le silence régnaient dans
ces groupes rassemblés par une curiosité in-
quiète, désunis par une terreur plus alar-
mante encore. Par-ci, par-là, quelques demi-
mots s'échappaient ; quelques équivoques
étaient hasardées. Au milieu de ce malaise, à
peu près général, on distinguait la joie mal
déguisée de certaines personnes, qui osaient
interroger, s'empressaient de répondre ; et,
en feignant de plaindre le malheur public, en
altéraient, en exagéraient les circonstances.
Il y eut à ce sujet plusieurs rixes.

De singulières remarques furent faites dans
cette déplorable soirée : la première, que les
succès des généraux Travot et Lamarque ame-
naient nécessairement la pacification de la
Vendée, attribuée depuis à un autre motif ; la
seconde, que toutes les opérations de la Bourse

2.

toujours en baisse depuis le départ de l'empereur, s'élevaient par une hausse d'autant plus
progressive que nos revers semblaient plus
grands. C'est que les mouvemens du commerce
s'accordent difficilement avec les jeux sanglans
de la guerre, et que les capitalistes et les
hommes d'état marchent rarement dans le
même chemin.

Un troisième fait fournit à beaucoup d'esprits matière à réflexions. Dans la matinée
même du jour où commencèrent à transpirer
les infortunes de la patrie, la cour d'assises
acquitta deux personnes prévenues de distribution de libelles séditieux. En cela elle
eut raison, puisque ces personnes furent dé-
clarées innocentes. Mais le plaidoyer de leur
défenseur présenta une singularité qui dut
exercer les gens à conjectures. Dans une pro-
sopée brillante, quoique dépourvue de logi-
que, et qui était un hors-d'œuvre au procès,
cet avocat, feignant de plaider devant l'empereur, lui adressa, sous les formes les moins
respectueuses, les duretés que les journalistes
lui ont prodiguées depuis son abdication. Ceux
des auditeurs qui étaient dans le secret ap-
plaudirent chaudement à ce courage sans
danger; les autres, moins pénétrans, craigni-

rent que le zèle de l'avocat ne nuisît à sa
tranquillité; mais tous, en entendant soutenir
qu'un attentat contre la vie de l'empereur,
désigné simplement comme le chef du gouvernement, loin d'être un crime de lèse-majesté, ne pouvait pas même se qualifier d'as-
sassinat, n'eurent pas de peine à conclure,
que, loin de continuer à être un potentat,
Napoléon cesserait bientôt d'être un homme.
Les événemens ont prouvé que l'avocat, dans
son apostrophe simulée, s'étant comparé à
Cicéron plaidant pour Marcellus devant César,
avait, comme cet orateur, le don de pro-
phétie.

L'histoire recueillera les mémorables séan-
ces des Chambres, et surtout celles des représentans. Après avoir discuté et résolu le
problême de leur légitimité politique, elle
ne pourra leur refuser une légitimité morale,
si solennellement prouvée par des dangers
sans cesse renaissans, une énergie toujours
croissante, des talens supérieurs et nombreux, une sagesse, une modération égales
à leur patriotisme et à leur dévouement; un
désintéressement enfin qui a privé de leurs
modiques indemnités ceux qui, après avoir
sauvé la France, furent durant quinze jours

les maîtres absolus de sa fortune et de sa des-
tinée.

Je donnerai plus bas quelques détails in-
connus sur la séance du 21. Ceux dont les
journaux offrent le registre, tels que la motion du général La Fayette, tendante à la
conservation de l'indépendance nationale et à
celle de la représentation ; le récit fait au nom
de l'empereur, par le comte Regnault de
Saint-Jean-d'Angély ; la motion de M. Manuel
pour mander les ministres et exiger d'eux un
compte de la situation de l'Etat ; la proposition
de retirer à l'empereur le commandement de
la garde nationale ; enfin la nomination d'une
commission de pairs et de représentans qui
s'adjoindraient au conseil pour aviser aux
moyens de sauver l'empire, la France et le
gouvernement : tous ces détails, intermédiaires à ceux qui précèdent, doivent être
relus avant ceux qui suivent.

§ II. COMITÉ IMPÉRIAL.

(*Nuit du 21 au 22 juin 1815.*)

Ce comité se composait, 1º des ministres
ayant département ; 2º des ministres d'état ;

3ᵉ d'une commission formée par le président et par quatre membres de la Chambre des Pairs ; 4° d'une commission nommée par la Chambre des représentans et formée du président et des quatre vice-présidens ; 5° d'un certain nombre de conseillers d'état ; 6° des chefs des autorités civiles et militaires de Paris; 7° de plusieurs pairs et représentans adjoints au comité par l'empereur ; 8° de quelques citoyens également appelés par l'empereur.

Dans cette réunion, formée d'élémens hétérogènes, mais où dominaient, au moins par le nombre, les amis de Napoléon, régna d'abord un murmure inquiet, entrecoupé de silences mornes et prolongés, plus alarmans encore. Quoique la plupart de ces personnages se connussent, la supposition que chacun, dans ces graves circonstances, concentrait toutes ses affections dans son intérêt personnel probablement compromis, tenait éveillés les soupçons et la défiance. Plus d'un projet avait été apporté à l'assemblée; et pour les produire, les faire accueillir, les faire triompher, il fallait réunir les finesses de la ruse à l'ascendant de l'influence ou du pouvoir. On dissimulait avec soin sa pensée, on laissait entrevoir avec négligence l'intention qu'on caressait davantage; on déguisait par l'expression la vérité des motifs et de l'objet; chacun biaisait en marchant, par des sentiers détournés, à son but. Quel était ce but? C'est ce que cette séance ne montra pas, mais permit d'entrevoir; c'est ce que cachèrent les contre-marches et les différentes manœuvres des groupes nombreux qui partagèrent l'assemblée et occupaient les salles jusqu'à l'apparition de l'empereur.

Ses trois frères le précédèrent. A leur aspect les comités partiels furent suspendus, les groupes se séparèrent; on se réunit dans le grand salon, où des sièges sur trois rangs étaient préparés; et quand tout le monde eut pris place, on continua à s'entrenir d'une voix basse et murmurante.

Un secrétaire intime (et non pas un huissier) annonça l'empereur. On se leva; il salua, se plaça sur un fauteuil, en face de l'assemblée; on se rassit sans invitation préalable; et quand le silence fut rétabli Napoléon prit la parole.

D'abord il parut ému; il était pâle, et sa main gauche, étendue sur une table, paraissait agitée de mouvemens convulsifs. Peu à peu il se remit et parla avec calme. Cette position

pénible, suite d'une situation affreuse, pro-
duisit sur l'assemblée un sentiment d'intérêt
qui fit ajourner plus d'un projet et donna à
la délibération un tour auquel ses auteurs ne
s'étaient pas attendu.

L'empereur confirma ce que le bulletin,
dont les copies circulaient déjà, avait appris
de nos désastres; il parla de la valeur française
avec admiration, de la prudente bravoure des
ennemis avec sincérité; il fit des talens de lord
Wellington un éloge mérité, mais remar-
quable dans sa bouche; de ses propres fautes,
un noble aveu. Ce mouvement, que je me plais
à croire de la franchise, et qui eut l'effet de
l'adresse, disposa en sa faveur des auditeurs
mal prévenus. Je crois qu'il s'aperçut de ce
changement, manifesté en effet par un murmure d'autant plus encourageant, qu'il suc-
cédait à un morne silence. Napoléon, sans
conclure expressément, avait amené les esprits à lui accorder ce que demandèrent plus
formellement trois de ses conseillers.

Monsieur R. La gloire de la France est dans l'armée; son honneur est dans la réparation de nos
pertes; sa liberté, son indépendance sont dans la
force de nos défenseurs; le salut de la patrie est
dans leur nombre, leur discipline et leurs ex-

ploits. Un grand revers n'est pour de grandes
âmes qu'un avertissement utile. Tournons au
triomphe des principes une perte qui semble
d'abord les compromettre. Si la victoire a
cessé de couronner nos drapeaux, n'est-il
d'autres palmes que celles qu'elle arrose de
sang? L'olivier de la paix peut fleurir encore
sur cette frontière menacée ; mais pour qu'il y
porte des fruits durables, il faut qu'il soit planté
par des mains héroïques. Déja l'armée se ral-
lie; mais notre aigle étonné, affligé de l'absence de ses défenseurs, demande qu'on rem-
plisse les vides glorieux que des sacrifices
inouis ont faits dans leurs rangs. Refuserez-
vous de recruter de héros cette héroïque
armée? En élargissant ses cadres, ou du
moins en les occupant par des hommes dé-
voués, vous secondez l'enthousiasme public,
vous couronnez le vœu national. Loin de nous
cependant le désir de la revanche; il ne s'agit
d'autres conquêtes que de celle de la paix;
mais pour ne pas la demander à genoux, il
faut que le nombre soit à la mesure du courage. Une nation vaincue, mais qui ne sera
jamais défaite, ne doit offrir le calumet de la
paix qu'appuyée sur la massue des combats.
Je conclus à ce que les Chambres fassent un

appel à la valeur française, tandis que l'empereur traitera de la paix avec certitude et
dignité.

Monsieur le général L. F. s'opposa formellement à cette mesure. Il n'en est qu'une qui
puisse sauver la patrie, dit-il ; et si les ministres
de l'empereur ne la lui conseillaient pas, sa
grande ame la lui révélerait.

Cette conclusion excita de nombreux mur-
mures et des applaudissemens nombreux. Napoléon baissa les yeux, les releva rapidement
et sourit avec dédain.

M. de F., après avoir appuyé, par des con-
sidérations nouvelles, la proposition du comte
R., conclut à ouvrir un emprunt patriotique,
afin de réparer le matériel de l'armée et de
subvenir aux dépenses d'une nouvelle levée.

M. Fl. démontra que, dans la circonstance
actuelle, cette mesure, qui paraissait un expédient, devenait un obstacle. Il en demanda le
rejet.

M. le duc de B. essaya de prouver que des
recrutemens d'hommes et des levées d'argent,
non seulement n'étaient pas nécessaires, mais
seraient nuisibles, sans des mesures prélimi-
naires. Ces mesures, selon l'honorable membre, consisteraient à placer sous la surveil-

lance d'une police plus sévère, et surtout plus immédiate, tous ceux qui, depuis vingt-cinq ans, ont formé diverses factions, dont la réunion compose un parti d'opposition. Les menaces de la police actuelle se réduisent à de vains bruits, dit-il ; il faut qu'elle justifie son institution par de véritables effets. Ce parti de l'opposition, recruté par les mécontens de tous les régimes, est le centre auquel correspondent tous les ennemis de l'extérieur, qui ne sont que ses agens. La guerre devient ainsi nationale, parce que son principe est factieux. Faites punir les chefs qui, de Paris, de la Vendée, de Lille, de Toulouse, de Marseille, de Bordeaux, alimentent l'espoir de la cour de Gand et l'animosité de l'Europe, qu'ils ont décidée à se coaliser ; excluez des fonctions publiques et surtout des hautes magistratures, leurs complices les plus influens ; surveillez plus strictement les subalternes ; et vous aurez produit le double effet de déconcerter les ennemis extérieurs et de raffermir le gouvernement et ses amis. Si cette mesure eût été adoptée, tel qui m'entend ne sourirait pas aux malheurs de la patrie, et Wellington ne marcherait pas sur Paris.

Ici des marques d'une improbation violente

éclatèrent et furent difficilement réprimés par le respect dû à la majesté du souverain.

M. le comte G. réfuta la mesure demandée par le préopinant; il en prouva l'inutilité, le danger; et rejetant toutes personnalités, il voulut qu'au lieu d'aigrir les esprits on les adoucit par des procédés loyaux. Ce discours fut bien accueilli; mais des généralités parurent déplacées, quand le mal actuel exigeait des remèdes pratiques.

M. le prince C. proposa de demander la paix aux conditions les plus conciliatrices et les plus honorables.

M. le comte T. prétendit qu'il n'y avait point de paix à espérer avec un ennemi qui la mettait à deux conditions impraticables : l'exclusion des Bonaparte, et la réintégration des Bourbons. Que nous renoncions à la gloire, dit l'orateur, cela serait possible, quoique cruel, parce qu'il n'est point de sacrifices dont l'amour, dont le salut de la patrie ne dédommage; mais qui dédommagerait de la perte de l'honneur? Et quel déshonneur plus grand, plus irréparable, que de recevoir, portés sur des baïonnettes anglaises, ces princes qui n'ont jamais su marcher qu'appuyés par elles? Ils ont cessé d'être Français; et la paix que vous feriez, en les acceptant, changerait seulement le théâtre de la guerre qui, des frontières, viendrait ensanglanter jusqu'à ce palais. Honneur alors aux préjugés, aux excès, aux abus! Malheur aux idées nobles, aux institutions libérales et à tout ce qui rend la vie chère aux amis de la liberté!

M. le général comte D. parla dans le même sens.

M. le général comte B. présenta quelques développemens à cette proposition.

MM. C. et *S. D.* demandèrent la guerre à grands cris : ouvrez la frontière, s'écria l'un d'eux! Qu'elles tombent, ces barrières d'acier qui la gardent; que l'armée se replie au pied des rochers de Laon, et, s'il le faut, sous les murs de Paris! Alors, jetant un crêpe sur vos aigles, vous appellerez à leur défense tout ce qui aura un cœur, des bras et une arme. L'ennemi, comme un torrent, inondera le territoire sacré; mais il lui sera fatal : et placé entre nos phalanges concentrées, et tous les citoyens insurgés, il regrettera la victoire qui lui valut cette défaite.

M. R. et *M. B.* étendirent ces idées martiales. Ce dernier, par une périphrase, qui n'était équivoque que pour qui n'avait pas d'oreilles, laissa entrevoir la possibilité, la né-

cessité même de changer la forme du gouvernement. Il essaya de faire comprendre que,
puisqu'il s'agissait de défendre les droits de la
nation et de sauver ses libertés, il fallait que les
libertés de la nation ne fussent pas des chimères,
et ses droits des noms vides de sens. Ce discours, qui tendait à la république, fut entendu
avec faveur par un certain nombre d'assistans,
et fortement improuvé par l'autre. L'empereur
ricanna plusieurs fois pendant que l'orateur
le prononçait; et vers la fin, il appela du doigt
le ministre C....t et le prince *Lucien*, avec
lesquels il s'entretint durant quelques minutes
à voix basse et avec beaucoup de chaleur.

M. *M-l*, déjà connu et recommandable par
la dextérité avec laquelle il manie la parole
et dispose des esprits, entreprit de les détour-
ner de toutes mesures exagérées, et de les
rallier à un parti moyen. Ce terme mixte, qui
ne décidait rien, donnant à chacun le temps
de préparer de nouvelles batteries ou de dé-
monter celles de son adversaire, convint par
conséquent à tous. On arrêta donc, 1° que les
les Chambres seraient invitées à traiter par
une ambassade de leur choix avec les sou-
verains alliés. (Il y eut de vives discussions
au sujet du mot тоus que M. *M-l* et M. *D-p*

voulaient qu'on mît au devant du mot *souve-rains*); 2° que les ministres présenteraient une loi pour déterminer une levée d'hommes et d'argent.

L'assemblée se sépara, personne ne parais-sait satisfait. M. de S. D. dit tout haut, et de manière que l'empereur l'entendît : M. de la F. a mis le doigt dans la plaie. J'admire Napo-léon; mais pour que la France entière et la postérité pensent comme moi il faut encore une grande action. N'est-il personne assez ami de notre bonheur et de la gloire, pour lui indi-quer le moyen de l'augmenter encore? M. le général S....... recueillit ces derniers mots, et nous allons voir qu'il en fit bientôt le plus noble usage.

§ III. ABDICATION.

Le lendemain, dès neuf heures, les Cham-bres se réunirent. La séance des représentans fut tumultueuse. On y reconnut évidemment l'existence des partis; et à l'aspérité de la dis-cussion on sentit qu'ils étaient en présence. Les royalistes, les constitutionnels et les républi-cains s'exprimaient, plus ou moins directe-ment, sur la nécessité d'une abdication. M. Du-pin parla même d'une mesure solennelle pour

y décider le monarque; et le terme de *déchéance* fut prononcé. A ce mot, les partisans
exclusifs de l'empereur, ceux qui voyaient la
patrie dans un homme, et peut-être leur fortune
dans Bonaparte, élevèrent des cris d'opposition, firent naître des difficultés singulières, et
devenus formalistes un peu tardivement, ils
opposèrent les lenteurs de la forme à la tran-
chante rapidité d'un vœu presque général. Il
était en effet celui des monarchistes constitutionnels, des royalistes bourboniens, et des ré-
publicains fédéralistes. Les premiers, soit qu'ils
eussent à nommer un conseil de régence, une
commission exécutive, ou à restituer à la nation le choix d'une dynastie nouvelle, ou le
rappel de la dynastie ancienne, étaient con-
vaincus que, s'écarter de la ligne constitutionnelle consacrée depuis vingt-cinq ans dans tous
les actes constitutifs, c'était livrer la France
aux violences arbitraires du despotisme ou aux
sanglantes extravagances de l'anarchie. Les
royalistes ne voyaient de salut que dans la restauration de la maison de Bourbon; et divisés
en *purs* qui demandent le retour du régime
absolu, et en *mitigés* qui veulent tempérer les
gothicités de ce régime par les innovations du
siècle, ils se réunissent dans leur amour pour

3

le roi, dans leur irréconciliable haine pour l'empereur. Quant aux républicains, qu'on a calomniés ou méconnus, en leur attribuant la folle intention de rétablir la démagogie de 1793, il est présumable qu'ils eussent souhaité imprimer à la France l'organisation fédérative, dont les girondins avaient conçu l'idée ; système qui, ne divisant les provinces que sous le rapport de l'administration, les réunit à un centre et sous un nœud politique communs. Ces trois partis, si divergens dans leur but, s'accordent souvent dans leurs moyens ; et aujourd'hui le principal est dans la déchéance ou l'abdication de Napoléon.

Pendant que les Chambres, tiraillées par ces quatre factions, obéissaient à l'influence momentanée que chacune d'elles prenait et perdait alternativement, que se passait-il au palais de l'Élysée ? Le monarque rêveur, silencieux, méditatif, écrivait rapidement des notes, qu'il anéantissait l'instant d'après. De dix minutes en dix minutes il recevait un bulletin des deux Chambres ; et sa physionomie s'éclaircissait ou se rembrunissait, selon la nature et la qualité des nouvelles. Des ministres, des conseillers d'état, une foule de fonctionnaires traversaient comme des om-

bres, les appartemens et les bureaux. Un petit
nombre se présentait chez lui ; et après quelques mots insignifians, il les congédiait. Je re-
marquai qu'il avait signé plusieurs lettres de
grâces et la promotion de quelques chevaliers
de la Réunion et de la Légion d'honneur.

Tout à coup le bruit d'une voiture plus ra-
pide se fait entendre : c'était celle du prince
Lucien. A son aspect Napoléon pâlit sensi-
blement et rougit bientôt à l'excès. Eh bien !
lui dit-il brusquement. Le prince entraîne son
frère dans l'allée la plus sombre ; je les suis de
loin par des sinuosités connues, et j'arrive
derrière un massif de verdure qui me cache
les deux illustres interlocuteurs. Je n'entendis
probablement que la fin du colloque, que je
rapporte fidèlement.

Le prince Lucien. Où donc est votre fer-
meté ? Quittez ces irrésolutions. Vous savez ce
qu'il en coûte pour ne pas oser.

L'empereur. Je n'ai que trop osé !

Le prince. Trop et trop peu. Osez une dernière fois.

L'empereur. Un dix-huit brumaire ?

Le prince. Pas du tout. Un décret très-cons-
titutionnel. La constitution vous donne ce
droit.

3.

L'empereur. Ils ne l'aiment pas la constitution ; ils l'appellent une pancarte barbouillée.
Et s'ils s'opposent au décret?

Le prince. Les voilà rebelles et mieux dissous
encore.

L'empereur. Ils ont fait un appel à la garde
nationale, elle ne m'aime pas ; elle viendra à
leurs secours.

Le prince. La garde nationale n'a qu'une
force de résistance ; quand il faudra agir, les
boutiquiers songeront à leurs femmes et à leurs
magasins.

L'empereur. Un dix-huit brumaire manqué
peut amener un treize vendémiaire.

Le prince. Vous délibérez quand il faut
agir ; ils agissent eux, et ne délibèrent pas.

L'empereur. Que peuvent-ils faire? Ce sont
des parleurs.

Le prince. L'opinion est pour eux. Ils pro-
nonceront la déchéance.

L'empereur. La déchéance ! Ils n'oseraient.

Le prince. Ils oseront tout, si vous n'osez
rien.

L'empereur. Voyons Davoust.

Ils rentrèrent au palais où le prince d'Eck-
mhüll fut mandé. Je n'ai pas su ce qui lui fut
demandé, ni ce qu'il répondit ; mais, à en ju-

ger par sa noble défense devant les représentans, il ne voulut rien tenter contre l'indépendance de la représentation.

Le prince Lucien, fort agité, monta en
voiture quelques minutes après. Je lui entendis
répondre à un secrétaire la M... : Que voulez-
vous? la fumée de Mont Saint-Jean lui a tour-
né la tête ; c'est un homme confisqué.

L'empereur, hermétiquement calfeutré dans
un arrière-cabinet, n'en sortit pas durant une
heure. Il avait demandé de la gelée de bouillon et du café, qu'un valet de chambre lui
fit servir par un enfant que Napoléon avait
distingué parmi le service du palais, et qui
lui avait paru agréable. Cet enfant regardait
l'empereur qui, les poings appuyés sur les
yeux, demeurait immobile : —Mangez, lui dit-
il, cela vous fera du bien. — N'es-tu pas de
Gonesse ? — Non, sire, je suis de Pierre-Fitte.
— Où tes parens ont une chaumière et quelques arpens ? — Oui, sire. — Voilà le bonheur ! —

Napoléon étant rentré dans son grand cabi-
net, y trouva L. d'I. et S. D., deux de ses se-
crétaires, qui ouvraient des dépêches.—Y a-t-il
du nouveau ? demanda l'empereur. — Voici
une lettre dont je n'ai ouvert que la première

enveloppe; elle est adressée *à Sa Majesté elle-même*. — Donnez; — et l'empereur lut.

« La nature avait beaucoup fait pour vous, la fortune fit davantage. Né dans le siècle héritier des siècles du génie et de la philosophie, héritier vous-même de toutes les révolutions, comprises dans la révolution française, vous deviez fonder l'époque toujours désirée où le génie emploierait les révolutions pour infuser la philosophie dans la politique, et pour conduire les nations à la félicité. Cette félicité est dans la stabilité et la dignité des gouvernemens légitimés par la possession consentie par un libre choix; elle est dans l'indépendance des nations et dans les libertés de leurs citoyens: indépendance sans conquêtes, libertés sans licence, propriétés sans priviléges, jouissance des droits honorés par l'exercice des devoirs. Voilà les bienfaits que la France, que l'Europe attendaient de votre raison, de vos talens, de votre reconnaissance. La France demandait un gouvernement qui, démocratique dans sa source, et monarchique dans son usage, tempérât par des institutions mixtes l'aristocratie de ses corps intermédiaires. L'Allemagne réclamait un nœud plus fort, qui joignît sous un centre d'action plus uniforme les membres énervés de son corps gigantesque. L'Italie exigeait qu'une fédération religieuse réunît, sous le joug sacré d'une même opinion, ses peuplades divisées par la législation, mais déjà rapprochées par la langue, le goût et les mœurs. La Suisse voulait le repos de ses montagnes; la Hollande la protection de son commerce. L'Espagne, alliant à l'amour de la liberté politique des préjugés que la sévère philosophie combat et que la politique, plus accommodante, ménage et utilise, l'Espagne invoquait à la fois le maintien de son culte, la restauration de sa monarchie, l'affranchissement de ses citoyens. Il en était à peu près de même du reste de l'Europe. La lumière qui l'éclaira dans les dernières années du dix-huitième siècle, fut comme celle d'un incendie flamboyant et terrible. Une lueur douce, venue du Nord, avait donné le signal d'une régénération progressive, sans secousses et sans réaction. Au lieu de vous en emparer pour le salut de tous, qu'avez-vous fait?

» Le ressort mécanique d'un instinct, que la prudence seule peut transformer en génie, s'est dilaté dans votre tête. Vous avez compris que l'énergie de votre caractère se fortifiait encore de l'énergie des circonstances; et ces

deux instrumens, se prêtant un mutuel secours, vous avez donné au monde attentif le
spectacle d'une ambition dévorante et jamais
assouvie.

» Aux peuples remués par notre révolution
vous avez promis l'indépendance et la liberté;
aux rois, la dignité de leurs trônes et la restauration de leurs gouvernemens; aux religions,
un rang et du respect; au commerce, de l'argent, des matières premières, la liberté, la
protection; aux propriétaires, des lois et des
garanties; aux prolétaires vous avez permis des
désirs et l'espérance. Ainsi, parlant aux principes, éveillant les paradoxes, caressant les
passions, vous avez réuni les esprits les plus
opposés, vous avez concilié les intentions les
plus divergentes. Chacun cherche le bonheur:
vous l'avez promis à tous.

» A qui l'avez-vous donné? à personne. Au
simulacre de la liberté, qui enchanta la première période de la révolution, vous avez subs-
titué le fantôme de la gloire. On tua sous le dra-
peau de l'une; pour atteindre l'autre, qui fuyait
toujours, on courut se faire tuer. De ces théo-
ries brillantes, le résultat le plus évident est la
mort.

» Que vous importait cependant, pourvu

qu'à votre nom la terre se tînt dans le silence?
Que vous importait, pourvu que l'Europe,
partagée à vos frères, fût comme un champ de
blé divisé à ses héritiers? Votre système fédé-
ratif a été le moyen de ce morcèlement; l'abais-
sement de l'Angleterre en fut le prétexte. Peut-
être même en a-t-il été le motif; car enfin, je ne
vous refuse ni un patriotisme égoïste, ni une
ambition cosmopolite. Qu'a-t-il donc manqué
à votre génie? Le bon sens.

» Oui, le sens droit a délaissé votre intelli-
gence, comme la sensibilité a manqué à votre
ame. Doué de l'un ou de l'autre, vous auriez
compris, vous auriez senti qu'en opérant sur
des hommes vous ne travaillez pas sur une
matière brute. Qu'est-il résulté de ce mépris
pour votre espèce? Que la minorité a pu rester
votre complice, mais que la majorité, qui d'a-
bord vous avait suivi, a préféré devenir votre
victime. C'est ce que prescrivait l'honneur.

» Mais si l'honneur défend quelquefois d'ap-
pelerdes secours, souvent il prescrit d'en profiter. C'est ce que viennent de faire vos ennemis. Les puissances de la terre ont armé les
bras de leurs soldats pour se défendre; nous
nous en servirons pour vous punir.

» Toutefois le châtiment d'un héros (car si

Attila, Gengis et Tamerlan furent des héros,
vous l'êtes aussi) consiste dans sa chute. La
vôtre est résolue; et pour que l'histoire la
trouve légale, autant que les contemporains la
croiront légitime, c'est l'autorité publique
qui va la prononcer. Vos complices ne pour-
ront crier qu'elle est l'ouvrage des baïonnettes
du Kalmouck. Et pourtant, vous pouvez la pré-
venir. Réservez-vous l'honneur de descendre
du trône quand on peut vous en arracher.
C'est le conseil d'un ennemi loyal, qui vous
admira souvent, ne vous craignit jamais, et
qui, au prix de son sang, eût voulu révérer
en vous le sauveur du monde, dont vous avez
été le fléau. Cet ennemi ne peut quitter celui
que son génie et la volonté nationale avaient
fait souverain, sans lui dire ce que ne devrait
pas lui taire son ami, s'il lui en reste : *Abdi-
quez.* » ΦΙΛΑΔΕΛΦΕΝ.

Que j'abdique! s'écria l'empereur, en ser-
rant les lèvres et en froissant cette lettre.
Qu'en pensez-vous? dit il à deux ministres d'é-
tat qui entraient. C'étaient MM. de B. et R. d'A.
Le premier se tut. Je vous entends, dit Napoléon en pâlissant; vous partagez l'avis de l'a-
nonyme? M-t ne répondit rien. Et vous, comte
R. ! quel est le vôtre? — Avec des hommes et

de l'argent, vous eussiez riposté ; sans eux,
que faire, sinon céder ? — Je suis en mesure
de résister.—L'opinion est pour les Chambres,
et l'opinion des Chambres demande un sacri-
fice. = Ici l'on annonça le lieutenant .géné-
ral S...g..c, membre de la Chambre des représentans. S...g..c ! s'écria l'empereur : il y a cinq
ans qu'il ne m'a parlé. Que me veut-il ? Les
ministres sortirent et le général entra.

. Cette entrevue importante se passa sans té-
moin ; et quoique tapi derrière la cloison d'où
je pouvais voir les interlocuteurs, il me fut
impossible de recueillir les détails de leur con-
versation. En voici néanmoins le résultat que
je tiens du général lui-même.

L'empereur parut touché de le voir, car
il y avait quatre ou cinq ans que cet officier
était en disgrâce. Celui-ci aborda franchement
la proposition qui l'amenait, et lui proposa de
le soustraire à l'aflétrissure d'une déchéance
en abdiquant. Ce mot concentra d'abord une
sorte de rage dans le cœur de Napoléon, qui
bientôt se soulagea en éclatant. M. de S...g..c
laissa passer cette bouffée ; et prenant pour
texte la gloire de l'empereur (motif auquel
celui-ci fut toujours sensible), le général lui
fit comprendre que cet expédient était le seul

moyen de la sauver. Il le convainquit de même
que l'intérêt de sa famille était garanti par
cette mesure. Cependant le monarque ne se
rendait pas. Cette résistance, qui dura plus
d'une demi-heure, suggéra à M. de S...g..c
l'heureuse pensée de nommer le jeune prince
Napoléon. A ce nom, l'ame du souverain, plus
émue encore que l'ame du père, sembla s'ouvrir à des sentimens nouveaux. La discrétion
de l'officier ne m'a pas permis de savoir de
quelle nature ils pouvaient être. Seulement
je ne crois pas impossible de les soupçonner. La proclamation du prince impérial
entraînait une régence, laquelle, en suppo-
sant l'exclusion positive du père, admettait
pour tuteurs les oncles paternels et mater-
nels de l'enfant. Or, dans cette hypothèse,
le système impérial n'était que modifié ; et,
en admettant que les promesses de Napoléon,
depuis son retour, ne fussent point illusoires,
elles s'accordaient avec le vœu public, en
réconciliant la France avec l'Europe, les usur-
pations avec la légitimité, et la liberté avec
la gloire,

   L'empereur se détermina donc à abdiquer
en faveur de son fils ; et le général S...g..c,
en apportant aux représentans la nouvelle de

cette résolution, que son adresse, son courage,
son dévouement avaient obtenue, épargna à l'empereur l'humiliation d'une déchéance, à l'armée la
honte qu'elle aurait cru recevoir dans la personne de son chef, à la nation, déjà si mal-
heureuse, les troubles qu'aurait fait éclater une
mesure tout à la fois si juste et si impolitique.

A L'ÉDITEUR.

EN vous remerciant, Monsieur, des Notes que, sur le vœu de
leur auteur, vous m'avez communiquées, permettez-moi de n'en
user qu'avec précaution. Quoiqu'il soit difficile d'écrire l'histoire
contemporaine, celle surtout où deux partis divisent tour à tour
l'intérêt, réclament la justice et commandent l'attention ; si l'ouvrage qui m'occupe a quelque mérite, ce sera celui d'une rigide
impartialité ; et je l'en priverais, en accueillant sans examen et
en admettant sans discussion les renseignemens que vous m'offrez.
Je ne vous dissimule point qu'ils ont excité d'abord ma curiosité ;
mais celle d'un écrivain qui respecte ses lecteurs ne saurait être satis-
faite, qu'en leur présentant ce qu'il croit la vérité. Or, je soup-
çonne, et il ne serait pas difficile de prouver, qu'elle a reçu plus d'une
atteinte dans ce récit. Quoique sous beaucoup de rapports il s'accorde avec des faits connus, comme sous d'autres aussi il s'en éloi-
gne, la prudence ordonne qu'avant de l'employer on le soumette à
l'analyse d'une sage critique. C'est ce que je me propose de faire,
si dans la rédaction définitive des CINQ MOIS DE L'HISTOIRE
DE FRANCE (1), je juge convenable de le consulter. En atten-
dant, et puisque vous avez dessein d'en faire part au public, je
crois utile à vos intérêts de vous communiquer quelques-unes des
réflexions qu'il m'a suggérées. Je les trace sans méthode et dans
l'ordre provoqué par la lecture du manuscrit.
    L'esprit qui en anime le rédacteur vise plus à l'impartialité,
qu'il ne lui est possible d'être impartial. A travers ses ménage-

(1) Cet ouvrage paraîtra en septembre, présent mois.

mens, on sent percer tantôt le désir d'un certain changement, tantôt le regret d'une cause perdue. On ne saurait l'accuser d'aimer Bonaparte, mais on ne peut le louer de le haïr. L'intérêt qu'il témoigne à ses qualités, balance l'indignation que lui inspirent ses attentats. A la vérité cette lettre, où un citoyen courageux conseille au despote de briser lui-même son sceptre de fer, réunit, dans sa vigoureuse précision, tant de motifs accablans pour le tyran menacé, qu'elle suffit pour ranger celui qui la publie parmi les véritables gens de bien. Plusieurs de ceux qui la liront avec une sorte de reconnaissance, regretteront seulement qu'à la terrible censure qu'elle fulmine contre l'oppresseur, son auteur n'ait pas joint l'éloge du prince que la Providence tenait en réserve pour la consolation des opprimés.

On distinguera, dans le narré des *Nuits de l'Abdication*, outre le sens général dans lequel il est écrit, la marche des événemens et la conduite des personnes. Parmi les événemens, il en est d'incontestables dans leur issue : le sont-ils également dans leur développement progressif ? Les détails dont se forme celui-ci sont-ils avérés ? Et certains épisodes, rapides à la vérité, n'ont-ils pas une nuance romanesque qui, en amorçant l'intérêt, répugne à la gravité de l'histoire ? On paraît avoir prévu cette objection, dans l'envoi de ces Notes, dont quelques-unes, dit-on, paraîtront *hasardées*. Vous jugerez peut-être convenable de ne pas taire cet aveu qui vous garantit.

Quant aux personnages qui figurent dans ce drame politique, je les crois observés par des yeux habitués à les voir et peints par une main familière à saisir leurs traits. De Napoléon et de quelques autres acteurs de cette scène, il y a des gestes, des mots surtout qui n'ont pu être imaginés. Il en est d'autres attribués à des initiales, que la malice ou la pénétration rempliront de cent sortes diverses ; toutefois il n'échappera pas à la sagacité des observateurs à vue fine, que les journaux du temps expliquent ce qui, dans ces notes, paraît inexplicable. En politique en effet, comme en algèbre, les données conduisent, par l'analogie, à la vérité ; et la vraie solution de l'inconnu, est nécessairement dans ce qui est connu.

J'ai cru pouvoir lire une partie de ces renseignemens à deux personnes que je crois bien intentionnées, qui ne manquent pas de lumières, et dont les opinions semblent contradictoires. L'une n'y a vu que la satire de Bonaparte, et l'autre que la justification de ses crimes et l'excuse de sa chute.

» Quelle est, s'est écrié ce dernier, quelle est l'insolence de cet
» écrivain, qui, donnant au roi le titre de *compétiteur* de Napo-
» léon (*page* 6), place sur un rang égal l'usurpateur et le sou-
» verain légitime !

» *Le lion blessé n'est pas mort* (*page* 6), ose-t-il faire dire à un
» partisan de ce grand criminel ; pourquoi ne pas ajouter, qu'après
» lui avoir rogné les ongles et scié les dents, l'indulgence des alliés
» va reléguer cette bête féroce dans les déserts de Sainte-Hélène,
» où elle rugira parmi des monstres moins sanguinaires qu'elle ?

» Sied-il à un homme qui joue l'impartialité, de dénigrer le
» courage des royalistes, en l'attribuant tout entier à leurs libéra-
» teurs ? (*page* 8) A t-il oublié vingt-cinq ans d'efforts pour la
» cause sacrée du roi ? A-t-il oublié les prodiges de valeur qui ont
» illustré la Vendée, Quibéron et l'armée du prince de Condé ?
» Les ignorer, c'est ignorer ce que la révolution peut opposer de
» magnanime aux crimes qui l'ont souillée ; les taire, c'est une
» lâche perfidie.

» Que dire ensuite de ce jour louche qu'on dirige sur la conduite
» du ministre de la police ? (*page* 10.) Tandis que les fidèles amis
» du roi applaudissent aux services par lesquels il couvre les irré-
» gularités de sa première carrière, c'est être mauvais Français
» que de faire soupçonner que ces services peuvent être équi-
» voques. Au surplus, ce prétendu bulletin (*page* 11) est invrai-
» semblable, et son auteur s'est sagement mis à couvert, en en fai-
» sant anéantir l'original.

» C'est encore ainsi qu'il croit échapper aux reproches, en ne
» s'exprimant pas d'une manière formelle sur la pacification de la
» Vendée (*page* 15). Cette pacification, on ne saurait trop le ré-
» péter, est due toute entière à la bonté du roi ; et loin que les
» succès des généraux *impérialistes* l'eussent amenée, ils l'auraient
» reculée, au contraire, en forçant toute la population bretonne
» à se lever contre un oppresseur qu'elle avait vomi deux fois.

» Le motif du jeu de la bourse (*page* 16), à l'époque de cette
» abdication, dont on n'avait que faire, s'explique par les senti-
» mens de la presque totalité des négocians et des capitalistes. Le
» jour même de cette abdication, qui fut accueillie avec trans-
» port, quand le crieur eut annoncé la cote qui avait haussé de
» cinq pour cent en quelques heures, un cri de *vive le roi !* se fit
» entendre ; et, sans être répété oralement, il fut applaudi à trois
» reprises.

» Pour ce qui regarde le procès des prévenus de distribution

» d'écrits séditieux, jamais leur défenseur n'a avancé que l'assas-
» sinat de Bonaparte n'était pas un délit (*page* 17); il a prétendu,
» et certes c'est avec raison, que, soit qu'on regardât Bonaparte
» comme un usurpateur ou comme un dictateur, il ne pouvait y
» avoir, durant le sommeil des lois, de crime de lèse-majesté.

  » Dans ce paragraphe, comme dans presque tous ceux qui com-
» posent ce recueil, règne un goût déguisé, tantôt pour le tyran,
» tantôt pour la tyrannie, tantôt pour les accessoires dont ils
» furent entourés. Par exemple, de quel ton l'écrivain parle-t-il
» de ces Chambres à jamais fameuses par leur turbulence et leur
» audace? (*page* 17 *et suiv.*) La liberté qu'elles ont préconisée,
» n'est-ce pas celle qui, en 1793, ensanglanta les échafauds? Leur cor-
» tège ne fut-il pas celui de Robespierre, et n'est-il pas devenu depuis
» les gardes du corps fidèles du *Robespierre à cheval?* Et cette
» constitution, assemblage bizarre d'idéologie et de politique;
» hiéroglyphe inexplicable, même pour ses auteurs, et dont les
» spirituels auteurs du *Nain - Vert* ont ridiculisé les pré-
» tentions philosophiques! Croyez que celui qui a le courage de
» la vanter et de justifier ses auteurs est au moins un rêve-
» creux, disciple de Rousseau, s'il n'est un spéculateur plus solide
» élève de Cartouche....... »

Vous ferez, Monsieur, de ces diverses remarques, le cas
et l'usage qui vous conviendront le mieux. Je devais à votre con-
fiance, autant qu'à mes principes, celles qui me sont person-
nelles; je ne puis mieux justifier l'une et honorer les autres,
qu'en vous adressant quelques-unes des réflexions rapides qu'ils
m'ont inspirées. Quant à la déclamation qui les termine, j'ai dû
la transcrire sans en approuver l'exagération injurieuse. Il n'y a de
raison et de bonheur que dans la modération; et cette sagesse de
de tous les temps doit être la doctrine de tous les honnêtes gens,
s'ils veulent conserver le roi et sauver la patrie.

Recevez mes salutations.

J. J. REGNAULT DE WARIN.

Ce jeudi, 3 août 1815.

DE L'IMPRIMERIE DE Mme Ve JEUNEHOMME,
RUE HAUTEFEUILLE, N° 20.

www.ingramcontent.com/pod-product-compliance
Lightning Source LLC
LaVergne TN
LVHW022036080426

835513LV00009B/1080